Funda R. Özbay

Intensiv

Gedichte 2010

Herstellung und Verlag: Books on Demand
GmbH, Norderstedt
ISBN: 978-3-8391-8149-2

Inhalt

Anfang

Allein wacht

 sie auf, sucht ihn mit ihrem Herzen

Allein wacht

 er auf, sucht sie mit seinen Augen

Traurig stellt sie fest,

 dass sein Herz woanders ist

Traurig stellt er fest,

 dass ihre Augen in die eines Anderen
 sehen

Böse

Böse Gedanken
    ganz tief in ihr drin

Sie behält sie für sich

    Doch das Herz schreit

Niemand will es hören

Charme

Keine Tränen in den Augen
kein Lächeln im Gesicht

Nicht einmal Wut,
    die sie beherrscht
und kein Hass,
    der sie erfüllt

Nur Kälte in ihrem Herzen,
die unerträglicher wird

Ihre Freude nahm er mit
als er ging

Donner

Hand in Hand
  durch ihre kleine Welt

Nichts vermag
  sie zu trennen

Er ist der Held, der ihr fehlt
  Und er will es sein

Ihr Herz schlägt nur für ihn
  Und so soll es auch sein

Ewig

Zeitlos
auf der Suche

nach dem einen
richtig Falschen

Ganz gleich, wohin der Weg einen führt

Es wird nie
der Perfekte sein

Fahrt

Er wählt
die Fahrt ins Ungewisse

genießt jedes Abenteuer
nimmt jedes Risiko in Kauf

Er denkt, es macht Spaß
und bedeute die Freiheit für ihn

Und doch ist da eine Frage,
die ihn quält,
und die sich nicht klärt

solange er nicht fragt
und die Antwort erhält

Geständnis

 Ein Wort
reicht nicht,

um dein Herz zu gewinnen

 Ein Satz
schafft es nicht,

dich zu überzeugen

 Ein Beweis
wäre noch lange kein Grund

dich mir anzuvertrauen

Ich bin es einfach nicht

Herz

Ein falsches Wort
   soll das richtige verstecken

um das Herz nicht zu brechen

Nicht wissend von den Schmerzen,
die folgen, und der Absicht,

sich zu rächen

Intensiv

Starke Gefühle
in mir drin

sterben nicht
einfach so

Deine Worte
töten sie

Stück für Stück

Jetzt

Ich warte
    seit dem ersten Tag

Ich warte
    seit dem zweiten Date

Ich warte
    seit dem dritten Jahr

Ich warte
    darauf, dass du siehst,

was ich in den ersten Minuten sah

Kompliziert

Ich kenne dein Gesicht

    doch trotzdem
    bist du ein Fremder für mich

Ich kenne den Klang deiner Stimme

    und doch nehme ich sie
    nicht jeden Tag wahr

Ich kenne deinen Namen

    aber bleibst dennoch
    fern von mir

Du kennst mich,
    aber willst es gar nicht

Liebe

Von Leidenschaft

überwältigt. Keine Angst mehr
vor dem Leben

Ein Kuss folgt dem anderen,
seine Nähe wird vermisst

Was, wenn es doch Liebe ist?

Macht

Wann immer ich
    an dich denke,

weiß ich, wie sehr ich
    dich brauche

Wann immer ich mir
    deine Nähe wünsche,

weiß ich, wie sehr ich
    dich vermisse

    aber sobald ich dich sehe,

weiß ich,
    wie sehr du mich verachtest

Nirgendwo

Nirgends könnte ich mich
  wohler fühlen

als in deiner Nähe

Nirgends würde ich mich
  lieber wünschen

als in deine Arme

Nirgendwo kann es schöner sein
  als bei dir

Also warte ich

  mit Sehnsucht

hier
 auf dich

Ohne dich

Ohne dich
    mag ich nicht leben

Der Gedanke an dich
reicht mir nicht

Ohne dich
    mag ich nicht sein

Die Erinnerung an dich
reicht mir nicht

Ich liebe dich

vergeblich

Puls

Atemlos,
    wenn du vor mir stehst

Wünsche mir,
    dass du meine Hand hältst

Sprachlos,
    wenn du mich ansiehst

Wünsche mir,
    dass du meine Gedanken liest

Willenlos,
    wenn du mich nimmst

Wünsche mir,
    dass du mich liebst

Qual

Leben im Ungewissen
    Worte bleiben ungesagt

Fragen ohne Antworten
    Eine Qual, Tag für Tag

Das Löschen eines Namens
    lässt ihn leichter vergessen

Zu gering ist die Bedeutung

Er wählt das Leben
    im Ungewissen

Rettung

Gefangen in seinen Armen
    Kein Entrinnen erwünscht

Eng umschlungen in der Nacht
    Ihm wortlos ergeben

Stumm in seiner Gegenwart
    Unsicher trotz seines Wortes

Sonnenblume

Eine Sonnenblume in der Hand,
   mein erster Gedanke gilt dir

Glücklich war ich, als ich dich fand
   traurig sitze ich nun hier

Verliebt träum und zähl ich
   er hasst mich, er hasst mich nicht

Trugbild

Er ist verliebt,

    aber er weiß nicht in wen

Er sieht sie,

    aber er weiß nicht, wer sie ist

Er findet sie wunderschön,
und sie ist atemberaubend schön

Und wenn er sie bald erkennt,
ist ihm alles gleich,

selbst ihr kaltes Herz

Uhr

Erinnerungen, die verblassen
Trotz Mühe sie zu behalten

Immer noch im Herzen
auch wenn von ihm
längst vergessen

Vermisst

Eine Frage vermehrt sich
um eine weitere

Die passende Antwort
    hinkt hinterher

Der gewählte Weg
ist der leichtere

Aber das Herz
    ist bald leer

Wert

Drei Wörter,
die er von sich aus
sagt

Drei Wörter,
die er ausspricht
ohne Zwang

Ein Satz,
welcher eine Bedeutung
für mich hat

für ihn aber
keinen Wert darstellt

e-Xit

Ich steh vor dir
   mit nackter Seele

Du siehst,
   du hörst,
      du spürst

Und suchst doch
   die Tür,
die dich von mir trennt

Yin

Sie weiß es,
denn sie fühlt es
in ihrem Herzen

Sie versteht es,
denn sie kennt
die Angst, die ihn beherrscht

Zeit

Ein vergangener Blick,
ein verletzendes Wort,
eine kalte Nähe,
ein unehrlicher Kuss

Bedeutungslos,
unerträglich und
hoffnungslos

Abschied

Ich vermiss dein Gesicht
  Dein Blick tat mir gut

Ich vermiss deine Lippen
  Dein Lächeln gab mir Mut

Ich vermiss deine Stimme
  Deine Worte beruhigten mich

Ich vermiss deine Arme
  Deine Umarmungen beschützten mich

Ich vermiss deine Nähe
  Du weißt es nicht, ich liebte dich

Begehr

Er küsst mich in den Schlaf
Mein Traum
    gleicht dem Tag

Ich schau ihn an und sag
Alles ist schöner
    seit ich dich traf

Charakter

Was geschah war kein Versehen
   Doch gab es einen Grund

Meinst es nur gut mit mir
   Doch kannst du einen nur verletzen

Du tust so, als ob die Änderung
   noch eine Bedeutung hätte

Dimension

Ganz traurig blickt er drein.
Ist einsam und allein.

Schützt sich in seinen
eigenen vier Wänden.

Fühlt sich frei und weint
wegen den leeren Händen.

Erlebnis

Ich tanz mit dir
    durch die Nacht
und erlebe die ersten von vielen Momenten.

Neue Gefühle erobern mein Herz
    und jede aufregende Sekunde
genieß ich intensiv.

Ich tanz mit dir
    durch die Nacht.
Zu einem Lied, das uns zu eins macht.

Die Sonne geht auf und
du küsst mich wach.

Feuer

Wenn ein Funken
    Hoffnung

sie am Leben hält

Wenn der Blick
    eines Menschen,

ihr Freude schenkt,

reicht nur seine Nähe
um sie glücklich zu machen

Gelin

Bakma,
    görmek istemiyorsan.
Huyumu değer vermezsin

Dinleme,
    duymak istemiyorsan
Sözlerimi anlamazsın

Sevme,
    aşık olmadıysan
Kalp atışlarımı hissetmezsin

Sorma,
    bilmek istemiyorsan.
Cevap hoşuna gitmez

Hayal

derdim sensin,
çözemiyorum

istediğim sensin,
vaz geçemiyorum

gitmek istiyorum,
tutan yok

hayal ediyorum,
istekler çok

Ideal

Ich kann nicht mehr lächeln,
    wenn ich an dich denk.

Warum bist du noch da,
    wenn du schon lange weg bist?

Ich empfinde weder Freude noch Wut,
    wenn ich an dich denk.

Warum verletzt du mich noch immer,
    wenn du mich schon nicht berührst?

Ich kann nicht leben,
    ohne an dich zu denken.

Warum liebst du mich nicht,
    wenn du mich schon magst?

Jäger

Seine Suche endet,
findet er seine Beute

nicht mit den Augen

Er zielt, beobachtet,
holt aus

und schnappt sich die Falsche

Kopfkino

Wach ich auf,
denk ich an dich

Schau ich mich um,
such ich dich

Seh ich dein Gesicht,
verliebe ich mich in dich

Eins weiß ich gewiss,
ich liebe dich

Logik

Auch wenn ich dich nicht sehe,
bist du jeden Tag
in meinen Gedanken.

Ich möchte dich loslassen,
aber es fällt mir schwer.

Auch wenn ich dich nicht höre,
erinnere ich mich jeden Tag
an deine Stimme.

Ich möchte dich vergessen,
aber es tut mir weh.

Auch wenn ich dich nicht spüre,
fühle ich dich jeden Tag
in meinem Herzen

Ich möchte dich hassen,
aber es gelingt mir nicht.

Mauer

Stein um Stein
    baust du die Mauer

zwischen uns

Es trennt uns, und du fühlst dich sicher
auf deiner Seite

Zweifel packst du auf Angst
    Gleichgültigkeit stapelt sich auf
Abscheu
        Hass ist fast vergriffen
            Liebe gibt es gar nicht mehr.

Je höher die Mauer, desto leichter
kannst du vergessen

Und

irgendwann siehst du mich nicht mehr

Naturgewalt

Tag um Tag
die gleichen Gedanken

Nacht für Nacht
die gleichen Träume

Jahr für Jahr
die gleichen Wünsche

Nur eine Naturgewalt
wie du es bist

kann die Suche
endlich beenden

O

Bakışı
yürek yakıcı

Sesi
insani sevindirir

Küçük kalbi
dünyadan çok istemez

bir tek sevgi
ve huzur

ve seni

O hayatta
aradığın bir neden

Panik

Würdest du mich sehen wollen,
    wenn du wüsstest,
        dass ich dich schrecklich vermisse?

Würdest du mich umarmen wollen,
    wenn du wüsstest,
        wie sehr ich mir deine Nähe
wünsche?

Würdest du mich küssen wollen,
    wenn du wüsstest,
        dass ich dich über alles liebe?

Weißt du, was ich tun würde,
    wenn ich wüsste,
        dass dich mein Geständnis kalt
lässt?

Quer

Nachts starre ich in die Dunkelheit
Innerlich bin ich tot

Yardım istesem, biliyorum gelmezsin
Eski günleri özlüyorum

Sein Duft fehlt mir in meinem Bett
Überall vermisse ich deine Küsse

Hasret öldürüyor beni, niye yoksun
yanımda

Reise

Seine Hand hält meine

    Ich würde mit ihm
    bis ans Ende der Welt gehen

Sein Mund küsst meinen

    Ich würde mit ihm
    durch Himmel und Hölle gehen

Stärke

Ich sag, ich lieb dich
es lässt dich kalt

Ich sag, ich mag dich
es gibt dir kein Halt

Ich sag, ich vermiss dich
du drehst dich um

Ich sag, ich glaub an dich
und du gehst unbekümmert weg

Tränen

Tränen, die niemand sieht
  In der Stille der Nacht

Worte, die niemand hört
  In der Einsamkeit

Haut, die niemand schmeckt
  In der kalten Welt

Angst, die niemand spürt
  In der langersehnten Freiheit

Unikat

Ich hoffe,
dich gibt es
nur einmal auf der Welt,

denn es stünde
sehr traurig um die Welt,
wären alle so grausam
wie du es bist

Verlangen

Ich verlange viel,
wenn ich nur bei dir sein will

Ich verlange zu viel,
wenn ich dich nur küssen will

Ich verlange übertrieben viel,
wenn ich nur deine Stimme hören will

Ich bin einfach unverbesserlich,
bitte entschuldige mich

Warten

Eine Minute ist schnell vergangen

    Eine Stunde ist nicht die Welt

Eine Woche ist noch in Ordnung

    Ein Monat aber quält

Ein Jahr ist eine Verschwendung

Nach dem dritten Jahr
    bist du das Warten nicht mehr wert

e-Xistenz

Ein Dasein ohne dich
    ergibt keinen Sinn für mich

Ein Leben ohne dich
    wäre unerträglich für mich

Eine Zukunft ohne dich?
    Vorstellen will ich sie mir nicht!

Yang

Er weiß es,
denn er sieht es
in ihren Augen

Er versteht es,
denn er kennt
die Gefühle, die sie leiden lässt.

Zauber

Selbst mit geschlossenen Augen
sehe ich nur dich

Doch du bemerkst mich nicht,
auch wenn ich vor dir steh

du hörst mich nicht,
auch wenn ich nach dir ruf

Bin ich unsichtbar in deiner Nähe
oder bist du blind, wenn ich bei dir bin?

Taub, wenn ich sag, ich liebe dich!?

Welch Zauber hält dich fern von mir?

Ateş

Sen yoksun yanımda,
  aklım her gün sende

Ateş gibi yanıyorum,
  Kahramanımı bekliyorum

Aşık oldum sana ilk bakışta,
  sebebi merak etmiyorusun ama

Braut

Schau nicht hin,
    wenn du nicht sehen willst.
Du würdest mich nicht achten.

Hör nicht hin,
    wenn du nicht zuhören willst.
Du würdest meine Worte nicht verstehen.

Liebe nicht,
    wenn du dich nicht verliebt hast.
Meine Herzschläge wirst du nicht spüren.

Frag nicht,
    wenn du es nicht wissen willst.
Die Antwort würde dir nicht gefallen.

Canım

Canımsın sen benim
    küçük meleğim

Kalbimdesin her zaman
    çıkamazsin o kadar kolay

Ne dersen de,
    ne ısırırsan ısır

Canımsın sen benim
    birtanem

Dünya

Dünya kadar büyük
Ateş kadar sıcak
Rüzgar kadar güçlü
Okyanus kadar derin

değil insanlar

Erwachen

Die Sonne geht auf
auch ohne dich,

doch es ist schöner,
erlebe ich es mit dir

Der Tag endet
auch ohne dich,

doch es ist schöner,
verbringe ich die Nacht mit dir

Freigeist

Frei von Gedanken,
die die Welt beschäftigen

Meine Welt ist anders

Frei von Menschen,
die an die Lüge glauben

Meine Welt ist wahr

Glaube

Mein Glaube ist
in meinem Herzen

und in meinen Worten

Nicht in irgendwelchen
Kleidungsstücken
und Gebäuden

Halt

Kleine Herzen
wiegen schwerer als große

　　Sie geben mir Halt in meinem Leben,

Kleine Herzen
erobern meins schneller als große

　　sonst wäre ich längst verschwunden
　　aus eurem Leben

Ich

In meinem Leben
willst du nicht sein

    Dann macht dich unsichtbar

Ein Teil meiner Zukunft
willst du nicht sein

    Dann macht dich rar

In meinem Herzen
willst du nicht sein

    Dann töte mich gleich und lass mich frei

Jahrzehnt

Ein Jahrzehnt lang hast du
gewartet

bis wir uns wiedersehen

Ein Jahrzehnt hast du
gebraucht

um ein Wort zu sagen
und mich zu hören

Weitere Jahre hast du
verstreichen lassen

um zu entscheiden,
ob du mich magst oder nicht